CLÉMENT GOH

COMMENT GUÉRIR LES MALADIES DU JUGEMENT

Le jugement et l'opinion
Jugement passionnel
Les défauts de caractères
etc, etc.

COMMENT GUÉRIR
LES MALADIES
DU JUGEMENT

CLÉMENT GOH

COMMENT GUÉRIR

LES

MALADIES

DU

JUGEMENT

ÉDITIONS NILSSON
73, Boulevard Saint-Michel, 73
PARIS

PREMIÈRE PARTIE

Définition et classification du jugement

Le jugement est la reconnaissance d'une chose dont on atteste l'existence.

Le caractère principal du jugement est l'affirmation, qui se produit, même dans le cas où ce jugement porterait une sentence négative.

Par exemple, si on dit : Cet homme n'est pas bon ! on portera une affirmation, car en niant la bonté de cet homme, on affirmera qu'elle n'existe pas.

L'affirmation juge qu'une chose n'est ou n'est pas, qu'elle est de telle manière ou de telle autre.

C'est un acte de l'esprit qui est tantôt libre, tantôt provoqué par une nécessité.

On appelle jugement libre, une affirmation

qui, cependant peut être appréciée d'une autre façon ou qui supporte quelque doute.

Le jugement nécessaire est celui qui affirme une chose connue indubitable, comme celle-ci : L'heure de midi est celle du plein jour, » ou : « L'application de la vapeur est un grand progrès ».

Le jugement se compose de trois parties :

1º La substance, qui est en même temps la cause, le sujet.

2º L'acte, qui est l'effet souffert ou produit.

3º Le rapport ou la relativité.

Il se compose encore de deux parties.

La matière, qui peut varier à l'infini.

La forme, qui est inaliénable et se nomme l'affirmation.

On compte encore :

Les jugements généraux, qui s'adressent à un sujet commun ou généralisé.

Les jugements particuliers, qui résolvent les questions dépendant d'un état spécial.

Les jugements individuels, portant sur les personnes et variant d'après la qualité de ces dernières en rapport avec leurs obligations morales ou matérielles, ainsi que d'après la nature de leurs devoirs sociaux.

Le jugement peut être de trois qualités différentes :

1° Catégorique : c'est l'affirmation brutale.

2° Hypothétique : c'est l'affirmation basée sur une croyance, qui, cependant, n'appartient pas à l'ordre des vérités générales.

3° Conditionnel quand il s'agit d'une chose qui peut se modifier et qui l'est peut-être déjà au moment où le jugement est rendu.

Aucun jugement ne peut être sincère, s'il ne comporte l'analyse, précédée de l'examen, complétés tous deux par la synthèse.

L'examen est une opération qui permet de considérer la chose que l'on désire juger, en ne négligeant aucun des détails qui la composent.

L'analyse procède de la division des détails et de la décomposition des idées formant le sujet et de leur examen particulier.

Le groupement de ces idées, la combinaison

des éléments et leur résumé sous la forme la plus succinte, prend le nom de synthèse.

C'est aussi l'art de saisir la nuance existant entre les rapports.

Ce bref exposé, en donnant une idée générale de ce qu'est le jugement, permettra mieux d'en discerner les différentes maladies.

LE JUGEMENT ET L'OPINION — INTÉRÊT PERSONNEL — DÉSÉQUILIBRE MENTAL — DÉFORMATIONS DUES AUX TARES PERSONNELLES — L'IGNORANCE DES RELATIVITÉS — JUGEMENT PASSIONNEL

Nous avons dit que le jugement est toujours affirmatif, même dans le cas où il affirmerait l'existence d'une négation.

Mais il ne peut jamais être neutre, car alors, il perdrait ses qualités distinctives.

Dans ce dernier cas, il abdique son titre de jugement pour prendre celui d'opinion.

Trop de personnes sont portées à confondre ces deux opérations de l'esprit et cette tendance présente de gros inconvénients, car elle amène lentement la déformation du jugement, en modifiant sa définition, et, partant de là, les éléments qui doivent le composer.

L'opinion est un jugement dépourvu de sentence.

Exprimer une opinion c'est affirmer sa conviction personnelle, mais non pas l'ériger en principe définitif ; c'est affirmer sa propre manière de voir; c'est attester sa persuasion, mais ce n'est pas la décréter infaillible ni la présenter comme irrévocable.

L'opinion est basée sur une tendance personnelle à apprécier les choses, le jugement les classe sans appel et ne se préoccupe ni de la personnalité du juge ni de la nature de la chose jugée.

Il est donc très important de différencier le jugement de l'opinion pour bien comprendre la forme des diverses maladies de cet acte, dont le principal moteur est, le plus souvent un sentiment excessif de l'intérêt personnel.

La plupart des jugements entachés d'injustice sont provoqués par la trop grande tendance à n'évoquer que les causes d'intérêt personnel,

portant à voir triompher telle cause plutôt que
telle autre ; cet ardent désir, chez les gens doués
de volonté débile, se trouve très vite transformé
en une opinion qu'ils reconnaissent d'abord
factice, mais qu'ils parviennent très vite à trans-
former, d'abord en une opinion sincère, puis en
un jugement sans appel.

Le principal inconvénient de cette façon de
penser, est de créer une habituelle déformation
du jugement, qui, si elle n'est point enrayée
à temps, peut passer pour une véritable tare,
car la coutume de tout condidérer à un seul point
de vue, finit par amener une déformation véritable de la vision intérieure.

L'égoïsme vient en première ligne dans l'acte
mental qui détermine ces arrêts.

Nombreux sont ceux qui, de bonne foi, ne
voient dans une chose que les côtés capables
de les intéresser.

S'ils sont convaincus que la résolution la plus
regrettable peut produire un avantage dont ils
profiteront, ils ne manqueront pas d'émettre
un jugement favorable, destiné à amener cette
résolution et à la déclarer bonne et valable,

quand même elle porterait atteinte à mille intérêts qui ne sont pas les leurs.

On voit tous les gens émettre des jugements qui pourraient paraître monstrueux et qui ne sont qu'entachés d'égoïsme.

C'est ainsi qu'on entend souvent des phrases de ce genre :

« Cet homme avait acheté un bien en viager et les usufrutiers sont morts peu de temps après dans un terrible accident. *Quelle chance !*

On entend dire encore couramment :

« Cette jeune fille *a de belles espérances* et l'on ne s'indigne pas en pensant que ces *espérances,* c'est-à-dire ces désirs de réalisation sont basés sur la mort de ses parents, qui devrait être considérée comme le plus grand malheur qui puisse lui arriver.

Suivant que l'événement qui le touche lui apportera une joie en un profit, l'égoïste est toujours tenté de le juger heureux, sans se douter qu'il commet ainsi une faute grave contre la logique et contre la sincérité des jugements.

L'intérêt personnel se montre parfois sous

les traits de la lâcheté ; on décrétera justes et
favorables des choses qui sont contraires à
l'équité et à la pitié, si l'on a intérêt à ménager
celui qui commet ces actes répréhensibles, ou
si l'on craint de l'indisposer.

Les fautes des grands seraient moins nombreu-
ses, si les jugements des petits leur étaient
moins souvent propices.

Cette tare du jugement, entaché de fausseté
par le fait de la lâcheté et de la crainte, devient
à la longue une véritable maladie, car elle sup-
prime toute opération intellectuelle précédant
l'arrêt, que l'on rend, presque mécaniquement,
en l'appuyant de raisons, dont on finit par ne
plus s'avouer l'artifice.

La soif exagérée du gain produit les mêmes
altérations du jugement. On en vient à considérer comme des événements heureux tous les
cataclysmes qui fondent sur autrui en nous ap-
portant un bénéfice quelconque.

On voit ainsi des médecins juger comme un
bienfait les épidémies les plus redoutables ;
certains politiciens jugent comme au grand bonheur le bouleversement de régime, qui en attei-

gnant profondément la fortune du pays les jette
au pouvoir et leur permettre d'établir leur fortune.

Dès qu'il s'agit de remplir leur bourse, ces
assoiffés de gain sont prêts à modifier, de la
meilleure foi du monde, les jugements qu'ils
portent sur les choses.

Pour eux, tout dépend de cette question :
Ce fait ajoutera-t-il à ma fortune ou la diminue-
ra-t-il ?

Et suivant que la réponse est affirmative ou
négative, ils rendent un jugement, dont leur
trop grande rapacité les empêche de comprendre
la fausseté.

Les maladies du jugement, dues au désiqui-
libre mental sont plus graves encore, car elles
le rendent incohérent et dangereux, si les tares
morales dont sont atteints les déséquilibrés
ne sont pas assez visibles pour inspirer de la
méfiance, au sujet de leurs arrêts.

Parmi ceux-là, il faut compter ceux qu'un
défaut physique a rendus méchants et atrabi-
laires : Furieux de se voir mal faits, ils n'admet-
tent pas que tout dans l'univers ne soit pas à

leur image et ils pensent atténuer leurs défauts
en niant la beauté de toute chose.

Cette coutume finit par occasionner un déséquilibre mental, une sorte d'aberration du jugement, qui pourrait se comparer à l'impression
qu'éprouverait celui qui, sans s'en douter, verrait les objets dans un miroir déformateur.

Il lui serait impossible de louer les beautés
d'un visage, qui lui apparaîtrait hors des proportions normales, pas plus qu'il ne lui serait
loisible d'admirer un site qu'il verrait reproduit
dans un chaos sans harmonie.

Pourtant ce déséquilibre devient plus dangereux encore lorsqu'il est le fait, non plus d'im-
perfections physiques, mais de tares morales
causées par des habitudes funestes.

L'abus des alcools ou celui des narcotiques,
en amenant des lésions cérébrales, provoque des
déformations de jugement, qui ne sont pas toujours assez incohérentes pour ne pas présenter
le péril d'accréditer la fantaisie et l'exagération
autour de ceux qui les propagent.

Comme on voit certaines affections de la vue
altérer le sens des couleurs, dans la maladie

connue sous le nom de daltonisme, on voit des gens frappés de daltonisme moral, au point de confondre la justice et l'iniquité, le bon et le blâmable, la vérité et la folie.

Sous l'empire d'une excitation intermittente ou d'une dépression latente, ceux qui font abus des narcotiques, voient leur jugement se déplacer et se déformer.

Tous les morphinomanes, tous les cocaïnomanes diront, s'ils veulent être un instant sincères, que, sous l'influence de leur poison favori, les choses changent de forme, de couleur et d'aspect.

Ce qui leur semblait misérable et méprisable dans l'état d'affaiblissement moral où ils végétent la plupart du temps, leur paraît beau et enviable, dès que l'absorption de la drogue leur procure une vigueur factice qui, pour un instant leur fait reprendre goût à la vie et dore les choses d'un soleil, dont les rayons sont aussi ardents que passagers.

Mais la brièveté de ces résurrections en exclut toute pondération et, la plupart des jugements de ces déséquilibrés ne peuvent être pris au sérieux car, pessimistes à outrance la plus grande partie du temps, ils deviennent, dans les moments d'excitation, d'un optimisme ridicule.

La caractéristique du jugement, chez les déséquilibrés est presque toujours le pessimisme.

Le peu d'intérêt qu'ils s'inspirent à eux-mêmes leur communique une impression de tristesse ordinaire qui se traduit par un dégoût de la vie, portant à tout considérer au point de vue final.

Le refrain qui ponctue la plupart de leurs jugement est toujours le même : « A quoi bon tout cela puisqu'il faudra mourir un jour ? » Et ils vivent avec cette pensée unique, imitant ainsi Gribouille qui se jetait dans l'eau pour éviter la pluie.

Cet état engendre parfois une variété de jugements erronés connue sous le nom de « délire de la persécution ».

Ceux qui en sont atteints jugent tous ceux qui les entourent comme autant d'ennemis et travestissent tous leurs actes, en les rapportant au désir qu'ils leur attribuent, de leur nuire personnellement.

Dans cette préoccupation il faut voir beaucoup de dépression morale, sans doute, mais encore une forte dose d'égoïsme et de vanité, car le soi-disant persécuté en se livrant à sa manie, admet que sa personnalité ait une importance telle, qu'elle doive préoccuper ceux qui l'approchent, à l'exclusion de tout autre souci.

Les débiles et les faibles intellectuels rendent rarement des jugements définitifs, tout au moins, ils se bornent rarement à porter un seul jugement.

Presque toujours la manie du doute les atteint et, à peine ont-ils prononcé une sentence, que, se laissant influencer par les raisons qui plaident contre leur décision, ils s'empressent de porter un jugement contradictoire, que, du reste, ils renient tout aussitôt.

Cet état est très connu sous le nom de délire du doute ; il est celui de beaucoup de gens qui paraissent cependant très sains d'esprit et sont d'autant plus dangereux qu'ils peuvent semer autour d'eux les germes de leur maladie mentale.

On ne se défie pas assez de l'influence que peuvent avoir sur les cerveaux fragiles les excentriques, les originaux, ceux dont on dit en riant : « Ils sont toqués ».

La science nouvelle les a étiquetés sagement sous le nom de demi-fous et le diagnostic de leur maladie se reconnaît surtout à la fantaisie et à la versatilité de leur jugement.

Ces dépressions spéciales sont dues encore parfois à des tares congénitales.

On conte que Jacques VI, roi d'Ecosse, fils de Marie-Stuart ressentait une aversion instinctive contre tous les gens qui, devant lui, avaient montré une épée nue et l'histoire anecdotique va jusqu'à dire qu'il témoignait envers ces derniers d'une sévérité de jugement tout à fait hors de propos.

Cette déformation spéciale est attribuée par les commentateurs de son règne à une tare congénitale, car Marie-Stuart, alors qu'elle le portait dans son sein, avait vu tuer sous ses propres yeux son favori Bothwel.

D'autres exemples, moins célèbres n'en sont pas moins probants ; ceux-là prennent leur

source dans des raisons purement physiologiques et relèvent plutôt de la thérapeutique que
de la médecine mentale ; cependant, nous verrons dans la deuxième partie de ce livre que ces
vices de jugement peuvent, comme les autres,
se trouver modifiés par l'application rationnelle
d'un traitement mental, combiné avec certains
exercices physiques, dont la nécessité est issue
du raisonnement.

La déformation du jugement est encore
l'œuvre très fréquente des défauts de caractère,
qui portent à juger d'après la pente des sentiments, créés par la débilité morale qui en ré-
sulte.

Il est à remarquer que les jugements adoptent
le plus souvent la voie que chacun de ces défauts
leur assigne et qu'ils sont toujours entachés de
la tare qui les a dictés.

On observera que ceux des jaloux reposent
sur la crainte de se voir éclipsés par un mérite
supérieur ou supplanter par des qualités plus
marquantes.

Cependant l'intensité du jugement dépend

presque sans exception de celle de la jalousie
qui l'inspire.

Si celle-ci se borne au désir de conserver son
bien et d'en revendiquer la propriété, elle s'ex-
prime en des sentences moins âpres et moins
dépourvues d'injustice totale.

Si, au contraire, le sentiment qui agite l'âme
est une jalousie, poussée au point de devenir
de l'envie, elle ne respecte aucune considération
et enfreint sans pitié toutes les règles de la logique.

Une des caractéristiques des jugements de
l'envieux, est l'affirmation dans la négative ;
il niera les choses les plus évidentes avec le désir
de les supprimer, pour conserver ainsi une su-
prématie imaginaire.

Un littérateur niera le talent d'un confrère,
si évident et si reconnu qu'il soit ; une femme niera la beauté d'une autre femme, alors même que
cette beauté serait admise par tout le monde.

Et, ce qu'il y a de particulier, c'est que l'un
et l'autre sont convaincus de la véracité de
leur jugement. Le grand désir qu'ils éprou-
vent de voir la supériorité des autres ané-

antie, leur donne le mirage de la supprimer vis-
à-vis de l'opinion d'autrui, comme leur jugement déformé la fait disparaître à leur propres
yeux.

Nous voyons ainsi l'avare juger sévérement
des dépenses sans exagération, qui, à son point
de vue spécial, passent pour des prodigalités.

L'entêté jugera qu'il déploie de la persévérance et au lieu de chercher à se corriger de son
obstinatination, s'attachera, au contraire à
l'étendre, car il refusera d'analyser ses actes
et de déterminer la ligne de démarcation sépa-
rant ce défaut de la qualité qu'il parodie.

On verra rarement un homme se juger lâche ;
il se dira prudent, en se payant de raisons qu'il
croit bonnes et il s'efforcera de convaincre
les autres en faisant parade des sophismes à
l'aide desquels il est parvenu à se convaincre
lui-même.

Le vaniteux en usera de même et il portera
des jugements entachés de fausseté en les
attribuant à la noblesse de l'orgueil, alors qu'ils
ne lui sont inspirés que par un amour-propre
étroit, se rattachant à l'égoïsme, à la mesqui-

nerie et au désir de briller, sans en avoir conquis le droit par des actes dignes de louanges.

Toutes ces déformations de jugement dues aux tares personnelles, ne sont que la conséquence d'une erreur première, portant à établir une confusion entre le domaine des qualités et celui des défauts.

Ces deux possessions sont limitrophes et il est rare d'atteindre les bornes de l'une sans empiéter sur le terrain de l'autre.

Si nous voulons bien réfléchir, nous verrons, en effet que les émotions louables et les élans blâmables se côtoient bien étroitement et qu'il est besoin d'un grand sens de la droiture du jugement pour ne pas les confondre, momentanément tout au moins.

C'est ainsi que, si nous cherchons à analyser l'envie, nous trouverons que ce vice remonte à l'origine d'un sentiment très noble, qui est l'émulation, née du désir d'égaler les gens vertueux ou ceux qui se sont distingués par leurs efforts.

Tant que cette ambition se borne au désir de perfectionnement, c'est-à-dire à cette marche

vers le Mieux qui devrait être le but des aspirations de chacun, elle est une vertu qui main-
tient claires et nettes toutes les facultés du jugement ; mais dès que ce désir se change en dépit
de se voir surpasser, il change de nom et devient
une tare.

Il en est de même de l'avarice dont la genèse
est la vertu d'économie, créatrice de tant de
succès et génératrice de tant d'autres vertus,
au nombre desquelles il faut compter la persévérance et la volonté.

Cependant l'économie poussée aux dernières
limites, entraîne de graves erreurs de jugement,
car elle déplace le raisonnement, en le ramenant
au seul point de vue du plaisir de thésau-
riser

A l'inverse nous trouvons encore la générosité
engendrant la prodigalité, d'où découle le gas-
pillage, c'est-à-dire un défaut complet de jugement, puisque ce vice atteint le sentiment de
la juste proportion des choses. Il est étroit et
vite franchi le fossé qui sépare la persévérance,
de laquelle nous parlions tout à l'heure, de
l'entêtement, dont le développement interdit

toute clarté de jugement et produit les efforts inutiles.

Quant à la vanité elle a ce seul point de commun avec l'orgueil, qu'elle en est la caricature. Mais cette ressemblance lointaine suffit par tromper des esprits mal avertis et donner lieu à des jugements défectueux et pleins de partialité.

Une des graves erreurs de la plupart des jugements, c'est de ne point tenir compte de la question de relativité, si importante, cependant.

Il est, en effet, impossible de prononcer un jugement équitable si l'on n'établit pas d'une façon certaine le rapport des choses entre elles.

Tel jugement, très rationnel dans certaines circonstances sera profondément faux, si les événements le modifient. Le sujet ne changera pas de substance, c'est vrai, mais cette substance sera jugée bienfaisante ou défavorable, suivant la façon dont elle sera présentée et suivant l'esprit et la coutume de ceux qui doivent l'apprécier.

Il est certain qu'un diamant est plus précieux qu'un morceau de pain ; cependant, pour un voyageur souffrant du manque de provisions dans une contrée lointaine, le plus beau brillant ne vaudra pas un pain de quatre livres. Un homme traversant le désert, s'il est talonné par la soif, sera tout prêt à donner un sac de pièces d'or en échange d'un verre d'eau.

On contait dernièrement l'histoire de matelots qui, échoués sur un rocher de corail se sont évertués à vivre pendant les quelques jours passés à attendre le passage du vaisseau sauveur; le rocher ne comportait aucune végétation, il leur fallait donc guetter l'apparition parmi les épaves, des boîtes de conserves que la mer roulait au milieu des débris du bateau.

Or ce navire transportait de grosses sommes en or, renfermées dans des sacs qui, plusieurs fois, dans un remous apparurent aux yeux des naufragés. Les attirer à eux leur était aussi facile que de repêcher une boîte de conserves. Cependant c'est vers cette prise que se dirigeaient tous leurs désirs. Si le hasard amenait un sac d'or à portée de leur gaffe, ils n'accomplissaient pas le geste qui les en aurait rendus maîtres : ils réservaient toute leur attention et tous leurs efforts afin de s'approprier les caisses de biscuits et les provisions qui passaient à leur portée.

Pêchaient-ils donc par la netteté du jugement? En aucune façon : sans s'en douter, ils admettaient la théorie des relativités et considéraient qu'étant données les circonstances, la seule chose jugée précieuse était celle qui leur permettait de prolonger leur existence, puisqu'en le faisant, ils se donnaient la possibilité d'être secourus.

Le sujet de l'affirmation varie donc suivant les circonstances, les milieux et les coutumes.

Ce qui doit être jugé affirmativement chez un peuple peut-être jugé par un autre inutile ou indifférent, sans qu'aucun d'eux émette un faux jugement.

Les besoins étant différents, le jugement doit donc changer d'objet, ou, pour mieux dire, cet objet peut être apprécié par chacun d'eux d'une façon contradictoire, sans que l'un ou l'autre ait émis un jugement contraire à la logique.

Il est des traditions dès longtemps acceptées, que la droiture du jugement fait estimer préju-

diciables, dans certains cas. Les contingences modifient aussi les circonstances, au point de vue de ce qu'il est possible d'exiger.

On ne demandera point à un illettré les sentiments qu'un homme d'éducation raffinée peut ressentir.

Le même acte peut-être blâmable ou excusable, suivant qu'il est commis par un homme des classes dirigeantes ou par un illettré.

Il serait donc injuste de les juger tous deux avec la même sévérité et de les flétrir également.

C'est là une des maladies du jugement les plus communes.

Elle prend, du reste, sa source dans l'égoïsme et la paresse de réflexion, car ceux qui jugent ainsi obéissent à une impulsion qui les pousse à tout rapporter à eux-mêmes, sans s'inquiéter d'un point de vue différent.

Ils divisent les actes en deux catégories :

Ceux qu'ils commettraient volontiers.

Ceux qu'ils ne voudraient pas produire.

La morale générale, les vérités primodiales servent de bases à leur jugement, étayé par leur égoïsme personnel et leurs convenances propres.

Ces gens-là ne se disent pas qu'il y a des actes qu'une certaine situation sociale interdit, non pas seulement à cause de la morale courante, mais simplement parce que les circonstances de la vie sont telles que jamais le besoin de cet acte ne se fera sentir.

Ils sont dans la situation d'un homme bien repu, qui jugerait avec sévérité un pauvre diable qui, poussé par la faim aurait volé un pain.

Il est certain que ce geste appartient au genre de ceux que l'on a classés sous le nom de larcin, mais celui qui ne s'est jamais trouvé poussé aux dernières extrémités par les affres de la faim, peut-il juger logiquement et sainement l'état d'un affamé ?

Une autre maladie du jugement, qui prend parfois des proportions inquiétantes, est le jugement passionnel.

Il est le fait de ceux qui se laissent guider par leurs impressions initiales et rendent des jugements définitifs, sous l'empire de la passion qui les agite momentanément.

Cela peut devenir dangereux si ces jugements

engendrent des résolutions, dont la nature dépend de l'état d'esprit qui les a causés.

Ces sortes de malaises de la volonté sont très fréquents parmi ceux qui ne savent point exercer sur eux-mêmes la maîtrise que cette qualité dispense. Cependant il est possible de s'affranchir de cette servitude et nous allons essayer de dire par quels moyens il est possible de se reconquérir et d'assurer la droiture et la logique du jugement, générateur d'actes logiques et pondérés.

DEUXIÈME PARTIE

LES MOYENS DE REMÉDIER AUX DÉFORMATIONS DU JUGEMENT

Maladie du doute

Avant de penser à guérir une maladie, il est d'usage de rechercher la cause qui la produit et d'enrayer d'abord la marche de cette cause, avant de songer à soulager celui qui souffre de ses effets.

Supposons que par suite de la rupture d'une digue, des infiltrations se produisent dans un bâtiment. Quel sera le premier soin de ceux qu'on appellera pour y porter remède ? Sans hésiter, ils rechercheront les causes de l'envahissement des eaux, puis quand ils auront réparé la brèche

par laquelle elles s'écoulent, ils s'appliqueront
à remédier aux dégats qu'elles ont causé.

On ne doit pas agir autrement dans le traitement des défaillances mentales.

C'est l'infiltration de la veulerie morale, de
l'égoïsme mal raisonné et de la débilité de vouloir, qui cause la ruine de l'édifice intellectuel.

C'est la tendance à suivre les conseils de l'ins-
tinct en méprisant ceux de la raison ; c'est l'habitude de donner trop d'extension au caprice ;
c'est surtout celle d'écouter la voix des impul-
sions, dont l'accomplissement entraîne une satisfaction passagère, aux dépens de la tranquillité
ordinaire de la vie.

La maladie du doute ne provient que de cet
état d'esprit spécial, qui est celui de tous ceux
dont le jugement ne peut s'élever, faute de
bases solides.

C'est en vain qu'ils cherchent à le bâtir.
A peine édifié il s'écroule, à moins qu'ils ne le
démolissent de leurs propres mains pour essayer
d'en reconstruire un nouveau, dont les caractères apparents diffèrent complètement de ceux
du premier.

Ils sont semblables à ces enfants qui élèvent à grand peine un château de sable, qu'ils détruisent d'un revers de main pour en construire un autre à la même place, en se servant des mêmes matériaux.

Le danger de ces perpétuels recommencements gît non pas seulement dans l'improduction forcée, mais encore dans le néant des conceptions, dont chacune se trouve anéantie avant d'avoir été personnifiée.

Celui qui est atteint de la maladie du doute, ne peut arriver à formuler un jugement qu'il ne désavoue aussitôt et cette bifurcation constante de la volonté entraîne forcément la dislocation des actes, qui s'ébauchent sans s'accomplir jamais entièrement.

Nous passons sous silence les tortures morales ressenties par celui que le doute assiège ; cependant elles sont de nature à influer sur son cerveau, au point de lui faire perdre la notion de la juste mesure des choses.

Le seul remède à cette maladie consiste dans l'application d'une volonté, que quelques exercices physiques, dont nous parlerons à la fin de ce volume, fortifieront certainement, surtout s'ils sont accompagnés d'exercices raisonnés, destinés à produire des résolutions fixes.

Celui qui souffre d'un doute constant s'exercera à *vouloir invariablement* des choses sans importance, d'abord, et dont l'exécution ne présente aucune difficulté.

Par exemple, en sortant de chez lui, il dira : *Je vais à tel endroit, par telle route, en employant tel moyen de transport.* Et, à aucun prix, il ne variera son itinéraire.

Tant pis pour lui s'il est trompé, il verra quelle nécessité il y a à *penser* sa décision avant de la prendre.

Dès qu'il aura jugé une chose bonne ou désirable, il mettra tout en cause pour l'accomplir.

Cependant dans les commencements, il évitera les jugements graves et s'appliquera surtout à suivre immuablement des décisions se rapportant à des jugements sans importance.

L'essentiel est qu'il se garde de dévier : même dans le cas où il s'apercevrait qu'il a pris la mauvaise route, *il ne reviendrait pas sur ses pas.* Il ferait en sorte de regagner le bon chemin

par d'autres voies, si difficile que soit cette tâche, mais à aucun prix, *il ne devra revenir au
point de départ.*

Pour implanter en son esprit la haine du
doute, il devra s'habituer à considérer chacun
de ses jugements comme définitif et en subir
les conséquences.

En même temps il s'étudiera à peser le pour
et le contre des choses qu'il est appelé à juger
et à le faire, d'autant plus soigneusement, que
l'idée de fixité doit s'attacher à chacune de ses
sentences.

C'est à ce prix seulement qu'il parviendra à
se délivrer de l'horrible maladie du doute, qui
lui fait encenser aujourd'hui ce qu'il méprisait
hier et le force à dédaigner le lendemain ce qu'il
appréciait la veille, en lui refusant chaque fois
la conviction qui fait entrer la sérénité dans
l'âme.

Les jugements entachés d'intérêt personnel

La plupart des déformations, ainsi que nous l'avons vu dans la première partie de cet ouvrage sont dues à l'intérêt personnel, intérêt mal compris, du reste, le plus souvent et dont les besoins se modifient, entraînant ainsi la conclusion du jugement, qui, à force d'être subordonné à l'intérêt particulier, finit par devenir indigne d'être apprécié.

Les jugements découlant uniquement de l'intérêt personnel ont rarement la portée qu'on désirerait leur attribuer, car ceux qui en sont victimes ne manquent jamais de rééditer la phrase célèbre :

« Vous êtes orfèvre, monsieur Josse. »

Ils présentent donc le double inconvénient de ne pas remplir le but visé et de favoriser la déformation du raisonnement, qui en vient, pour soutenir la cause personnelle, à émettre des décisions paradoxales ou complètement

contraires à la marche des intérêts généraux.

Or l'intérêt personnel est lié plus étroitement
qu'on ne le pense aux questions d'ordre principal et il est rare que celles-ci, lorsqu'on les né-
glige, n'aient point une répercussion certaine
sur les événements particuliers.

L'égoïsme, que l'on trouve à la base de tous
les jugements d'intérêt personnel, raisonne le
plus souvent d'une façon trop étroite et pousse
à rendre des sentences que l'on regrette ensuite,
car les intérêts généraux sacrifiés se vengent
aux dépens de l'égoïsme personnel.

Il est donc non seulement équitable, mais
encore prudent, de ne jamais s'arrêter à un jugement définitif, sans en avoir analysé les conséquences, non seulement au point de vue de la
satisfaction immédiate, mais encore de celle qui
peut résulter d'un sacrifice momentané, accom-
pli dans le but de préparer des réalisations meil-
leures.

Le même esprit d'analyse et de vérité devra
présider à tous les jugements touchant l'intérêt
personnel, aussi bien à ceux qui se rapportent

à la lâcheté qu'à ceux qui sont dictés par l'avarice, la paresse, la vanité, etc., etc.

Le moyen d'atteindre à la clairvoyance est bien simple : Il s'agit de se poser cette question :

« Aimerais-je à être jugé par les autres de la façon dont je viens de les juger moi-même ? »

« Serais-je satisfait de voir mes intérêts sacrifiés au profit de ceux du prochain ? »

Si la réponse sincère est négative, plus de doute : le jugement est entaché d'une déformation causée par l'intérêt personnel et il s'agit de le réviser.

Une certaine force d'âme sera nécessaire pour en arriver à ce but et, pour cette application comme pour toutes les autres, on suivra le traitement fortifiant que nous indiquons plus loin.

Le déséquilibre mental

Les remèdes concernant le déséquilibre mental varient suivant les causes qui l'ont provoqué.

S'il est dû au dépit causé par une tare physique, s'il découle d'un état d'esprit spécial, qui porte à rechercher dans tous les autres une tare qui puisse se comparer à celle dont souffre le malade, il n'est qu'un seul moyen d'arriver à rétablir l'harmonie, faite pour inspirer la sincérité des jugements.

Ce moyen comprend deux phases :

La première consiste en l'acceptation pure et simple de son infirmité, après avoir constaté qu'il était impossible de la dissimuler ou de la supprimer.

La résignation s'obtiendra par la volonté et surtout par le raisonnement.

Quoiqu'il fasse, un bossu conservera toujours sa bosse et un boiteux ne marchera pas d'aplomb.

Cette vérité passera donc pour eux à l'état de fait acquis, contre lequel il est inutile et absurde de se révolter, puisque le dépit que l'on conçoit à ce sujet ne peut qu'attiser le chagrin que l'on en ressent.

On se résignera donc, suivant l'expression familière, à subir ce qu'on ne peut empêcher

mais on songera à établir une compensation,
destinée à ramener l'harmonie dans l'ordre des
choses.

Ceux qui sont affligés d'un défaut physique
s'efforceront de se perfectionner dans un art
ou dans une science, qui leur permettront de
briller d'un éclat autrement enviable que de
celui qui est dû aux simples qualités exté-
rieures.

La joie qu'ils en retireront, la satisfaction
qui les emplira seront bientôt d'une qualité
tellement supérieure, que, bien loin de se laisser
influencer par le dépit, compagnon obligé de
l'infériorité, ils trouveront en eux une indul-
gente pitié pour ceux qui n'atteindront jamais
à leur niveau.

La sagesse populaire a depuis longtemps dé-
fini ces états d'âme par des sentences, dont la
morale conclut aux mêmes moyens :

« Il est nécessaire de faire contre fortune bon
cœur. »

« Les gens intelligents savent mettre les rieurs
de leur côté », etc., etc.

Le déséquilibre moral provenant de certains abus demande des soins plus tangibles.

Il est d'abord indispensable de faire disparaître la cause des troubles du jugement, car tant qu'elle subsistera, le raisonnement sera troublé et la vision intérieure confuse.

La dépression inhérente à ce genre de malaise mental dicte le plus souvent l'abstention du jugement, à moins qu'elle ne le rende incohérent et entièrement subordonné aux impressions du moment.

Après avoir fait subir au sujet un traitement consistant d'abord en une diminution, puis en une abstention complète de ses habitudes néfastes, on le régénèrera physiquement et moralement par des exercices corporels destinés à lui rendre la vigueur de ses membres et par des exhortations et des exercices combinés afin de lui insuffler un peu de la volonté qui lui manque.

Lorsqu'il sera un peu régénéré dans son corps, on lui apprendra à juger rapidement les choses simples pour commencer, plus compliquées ensuite, de plus on aura soin de lui faire toujours subir les conséquences de son jugement, afin qu'il s'habitue à ne pas prononcer de sentences frivoles et qu'il comprenne la gravité de cette opération.

Entre temps on fera tout ce qui est nécessaire pour l'empêcher de retomber dans son aveuglement et on l'intéressera aux phases de la culture morale, afin de développer en lui le sentiment de la dignité humaine et lui inspirer le dégoût de la déchéance qui était la sienne.

Les jugements déformés par un pessimisme coutumier sont toujours la conséquence d'une débilité d'âme, dont la source remonte à des causes physiques ou à des chagrins mal acceptés.

Avant de songer à les réformer, il est bon de savoir l'origine du mouvement d'âme qui les inspira.

S'il est dû à un état physiologique, nous savons déjà qu'il faudra tenter la guérison du corps en même temps que celle de l'esprit.

S'il est, au contraire, le résultat d'une conception déformatrice, causée par une dépression morale, il sera nécessaire, tout en maintenant les exercices physiques d'insister sur les exercices raisonnés, qui, sagement ordonnés, doivent amener une rapide amélioration dans la façon d'envisager les choses.

C'est un calcul imbécile que d'endeuiller toute sa vie à l'idée de la mort inévitable.

En se servant de leurs propres armes, il est facile de démontrer à ce genre de déséquilibrés que si la vie leur semble si dénuée de joies, il est inutile de se chagriner à l'idée de la quitter. Si la pensée de la séparation finale les attriste, c'est qu'ils y voient la perte d'un bien. Or, pourquoi s'entêter à juger tout haut ce bien méprisable, puisque, dans leur for intérieur, l'idée de le quitter assombrit toutes leurs heures ?

Mais avant de mettre les pessimistes en si évidente contradiction avec eux-mêmes et de leur démontrer la fausseté et l'inanité de leurs jugements, il sera utile de les réconforter et surtout de leur imposer des diversions de n'importe quel ordre.

On a vu des gens qui jugeaient la vie méprisable, se prendre à la trouver précieuse, après qu'une ruine ou un malheur avait cependant diminué leurs chances de bonheur.

Mais leur infortune les avait détournés de
l'idée fixe de l'issue obligatoire et la lutte leur
ayant rendu quelques facultés d'énergie, ils
avaient délaissé les pensées morbides qui défor-
maient leur appréciation des choses.

Le délire de la persécution n'est autre qu'une
maladie du jugement, tendant à apprécier la
conduite d'autrui au seul point de vue du mal
qu'il s'agit de causer à un seul.

On a en outre remarqué que ceux qui sont
atteints de cette phobie du jugement n'admet-
tent les marques de dévouement qu'à titre de
démonstrations intéressées, dont il leur est,
le plus souvent, impossible de déterminer le
but.

Le mieux est donc d'éviter de provoquer
leur jugement et de feindre de n'attacher à leurs
personnes qu'une importance relative. Ils se
trouveront très froissés à l'idée du peu de cas
que l'on fait de leur personne et ne manqueront
pas de gémir de cet abandon ; mais ce désespoir
sera salutaire, en ce sens qu'ils perdront l'habitude de croire aux attaques directes.

Ils en viendront à admettre que les gens ont

d'autres sujets de persécution qu'eux-mêmes et l'idée deviendra chez eux moins tenace et moins personnelle.

Ce sera le moment de songer à réformer leur raisonnement en leur imposant l'obligation de jugements plus près de la vérité.

En tous cas les croyants en la persécution, comme les excentriques, les originaux et tous ceux dont on dit qu'ils sont toqués, sont des malades qu'il importe de guérir en leur donnant l'occasion d'exercer leur jugement, en dehors de la manie qui les tyrannise.

Plus cette manie sera apparente et plus il deviendra indispensable de feindre de l'ignorer. C'est en cherchant trop ouvertement à les en corriger que l'on évite de la leur faire oublier. Les considérer comme des gens normaux est encore la meilleure manière de les faire devenir ce qu'ils devraient être.

46 COMMENT GUÉRIR

Déformations du jugement
venant des défauts de caractère

C'est en se basant sur ce que nous disons dans la première partie de ce livre que l'on arrivera à vaincre ces sortes de maladies du jugement.

Etant donné ce principe que la plupart des tares qui atteignent le jugement viennent de l'exagération d'une qualité, il s'agira simplement de remonter à l'origine de ce défaut pour rentrer dans le domaine de la qualité dont une maladie du jugement les a tirées.

On convertira ainsi le jugement de l'avare en un saine recherche de l'économie, celui des vaniteux en une légitime conception de l'orgueil, tandis que l'entêté s'attachera à célébrer la persévérance, dont il avait très souvent confondu les limites avec celle de l'obstination inféconde.

Négligence du souci des relativités

Cette déformation comporte surtout une preuve de légéreté et de paresse d'esprit que l'habitude du raisonnement peut faire aisément disparaître, avant qu'elle ne s'aggrave.

On ne peut considérer l'acte d'un homme, par rapport à celui d'un autre, dont l'éducation, les mœurs, les idées sont différentes.

On déclarera un animal très intelligent, tandis qu'un degré de compréhension à peine plus élevé chez un homme le fait juger comme une brute.

Un chien de chasse, dont l'odorat n'est pas aussi développé que celui des individus de sa race est qualifié « sans odorat » alors que si un homme montrait de pareilles aptitudes, nous trouverions ses qualités olfactives extraordinaires.

Nous trouvons qu'un cheval trottant lentement « n'avance pas », alors que nous citerions la vitesse d'un homme qui parcourerait le même espace de terrain dans un temps pareil.

Nous jugeons qu'un train express va lentement, s'il parcourt une certaine surface de terrain en un temps donné ; un train omnibus qui marcherait à cette allure éveillerait les craintes des gens prudents par sa folle vitesse.

Nous jugeons incongrus certains rites que la politesse consacre chez les peuples orientaux.

Nous jugeons, par exemple, que la majesté du saint Lieu est troublée, si quelqu'un y pénètre pieds-nus tandis que les orientaux exigent que l'on quitte ses chaussures avant de franchir le seuil des mosquées.

Nous jugeons vulgaire de se présenter sans gants : les personnes qui sont admises à visiter le pape ne sont reçues que dégantées.

Ce qu'il faut bien se dire c'est que toutes ces coutumes ont (ou ont eu) leur raison d'être, relativement aux mœurs de la contrée, de l'époque et aux exigences basées sur l'expérience. C'est pourquoi le jugement prononcé sans souci

de la relativité des choses court grand risque
d'être entaché de légèreté ou de manque de raisonnement.

Les jugements passionnels

On nomme ainsi les jugements conçus sous
l'empire d'un sentiment violent: amour ou haine,
enthousiasme ou mépris.

Il est très rare qu'ils ne soient pas entièrement faussés par l'exagération même du sentiment qui les a dictés et ne permet pas de voir
les choses sous leurs couleurs véritables.

Les vertus les plus dignes de louanges, dès
qu'elles arrivent à l'état de passion, sont suscep-
tibles de porter une perturbation certaine dans
l'énoncé des jugements.

Le même amour maternel qui poussait le
hibou de la fable à déclarer ses enfants beaux,
incite les mères à voir dans leurs fils des qualités
qu'ils ne possèdent pas et à les juger parfaits,

alors qu'ils ont encore beaucoup à faire pour le devenir.

Le même sentiment fait que, tout en exaltant les vertus de leurs enfants, elles se refusent à juger la perfection des autres. Il s'ensuit une éducation déplorable, car les enfants jugent qu'il est inutile de travailler pour acquérir des qualités qu'ils possèdent déjà, tandis qu'ils méconnaissent les mérites véritables de ceux sur lesquels ils auraient pu se modeler.

Comme on le voit le vice du premier jugement, inspiré par l'amour maternel poussé à ses dernières limites, entraîne une déformation évidente des jugements dépendants.

Dans les jugements passionnels, la prévision n'intervient jamais. Les passionnés sont unis par une impression un peu enfantine (et si commune pourtant) qui consiste à s'imaginer qu'on hâte l'apparition de la chose souhaitée en la déclarant achevée.

C'est une façon de matérialiser le rêve, qui ne peut tromper que les esprits superficiels et présente l'inconvénient de donner au leurre l'importance de la réalité, alors que la véritable sagesse consisterait à prévoir simplement le moyen où, à force de volonté, cette réalité se produira.

Pour cette dernière maladie du jugement comme pour toutes les autres, un traitement destiné à enrayer la faiblesse d'esprit et à développer la volonté est indispensable à suivre.

Exercices physiques destinés à maintenir la sécurité du jugement

On se souviendra, avant tout, du vieil adage prescrivant de maintenir le corps en bon état si l'on désire que l'âme soit également saine.

Du reste, nous venons de voir que nombre des déviations que nous avons signalées proviennent d'états physiologiques spéciaux, au cours desquels, la volonté se dilue et ne laisse plus le courage de diriger la pensée, dans le sens rationnel.

On s'astreindra donc, (ou, s'il s'agit d'une

crise opérée par un tiers on astreindra son malade) à une série d'exercices physiques, dont la but est de développer l'énergie, aux dépens de la nervosité.

La respiration étant le régulateur de tout l'organisme, cet art viendra en tête de tous les moyens employés.

Il a été dit bien souvent que la respiration profonde était un perfectionnement qui permettait de se rapprocher par un exercice répété de la respiration intégrale. Il s'agit donc d'emplir lentement ses poumons et de rejeter l'air par la bouche ouverte, en augmentant le temps de l'aspiration et de l'expiration jusqu'aux limites possibles.

Cette opération a pour but de laisser l'air pénétrer dans toutes les cellules composant l'appareil respiratoire et d'arriver ainsi à régulariser les mouvements du cœur.

Le calme est le résultat très sensible de cet exercice, lorsqu'il est pratiqué régulièrement.

Après une semaine d'application quotidienne, dont la durée peut-être de 5 à 15 minutes, la quiétude physique, provenant du bon fonctionnement des poumons et du cœur, produira un apaisement mental, dont il sera impossible de ne pas ressentir les bons effets.

Sous l'influence de la tranquillité corporelle, l'inquiétude mentale diminuera peu à peu et la passion cessera de régner en maîtresse dans l'âme de ceux qui, jusqu'alors, n'avaient pas su résister à sa domination.

D'autres exercices, destinés à maintenir la fixité de la volonté seront encore nécessaires.

On s'exercera à marcher lentement en rythmant le nombre des aspirations sur celui de ses pas.

On prendra dans la main gauche un gland de soie assez fourni et on s'efforcera d'en compter les brins, en recommençant plusieurs fois le calcul, de façon à être certain de ne pas se tromper.

Si l'on parvient à obtenir trois fois de suite le même chiffre, on peut regarder ce résultat comme une victoire, car il prouve à quel point il est devenu possible de fixer son attention.

Cependant il ne faudrait pas se décourager si l'on n'y parvenait pas dans les premiers jours ; il est, en effet, difficile que l'attention soit capturée du premier coup ; aussi fera-t-on bien de s'imposer une tâche moins lourde et de commencer par un gland moins fourni ou d'en diviser les brins dont on supprimera une moitié.

Dès que l'on sera parvenu à trouver plusieurs fois le même chiffre il sera bon d'augmenter insensiblement le nombre des brins en ayant soin d'ignorer la quantité de ceux que l'on rajoute.

On pourra encore remplir un verre d'eau et le transporter en le saisissant par sa partie inférieure.

Cet exercice dont la simplicité pourrait faire sourire est souverain pour acquérir le calme physique et moral, car tant que les nerfs et la volonté ne seront pas assagis, il sera difficile de faire plusieurs pas sans que l'eau déborde.

Lorsqu'on y sera parvenu, on compliquera l'exercice de la façon suivante :

Après avoir rempli le verre on le saisira par le bas et on l'élévera lentement jusqu'à un point que l'on se sera fixé, soit la ligne d'un cadre ou un dessin du papier de tenture.

Si l'on réussit à le mettre à la hauteur voulue sans avoir répandu une goutte de son contenu, on le maintiendra dans la ligne pendant quelques secondes, puis on le ramènera à l'endroit où il a été pris.

A la moindre goutte renversée, au moindre mouvement d'impatience, on cessera l'exercice et on se promènera lentement, en prenant quelques respirations profondes, puis on recommencera.

Au début, l'exercice, même imparfait, ne doit pas se renouveler plus de 3 à 4 fois.

Il faut éviter avant tout de créer l'impatience, c'est pourquoi il est mauvais d'aller jusqu'aux limites de l'énervement.

On ne doit pas se dissimuler, cependant, qu'au cours de ces exercices, on aura à lutter fréquemment contre la nervosité ; le point principal est de ne point la laisser naître, elle finira par s'atténuer et disparaître complètement.

Exercices raisonnés destinés à acquérir la droiture du jugement

Nous avons déjà dit que l'entrainement physique et l'entrainement mental devraient être simultanés ; nous allons le démontrer dans les lignes qui suivent :

L'insécurité du jugement dépendant surtout de la passion ou de la négligence avec laquelle il est rendu, il sera donc nécessaire de se contraindre au calme pour réfléchir avant de juger.

On commencera pas émettre un jugement que nous pourrions appeler provisoire, car, dans les premiers temps, il sera indispensable de le contrôler, avant de l'adopter définitivement.

En voici les moyens :

Aussitôt que l'on désirera se former une opinion on réfléchira en faisant appel aux conseils que nous donnons au cours de ce livre.

Il sera utile de se rendre compte, autant que ce sera possible de l'état d'esprit dans lequel on se trouve, afin d'y remédier s'il y a lieu ou de chercher à s'y maintenir, s'il nous semble désirable.

Ceci fait, avec toute la sincérité dont on est capable, on se renseignera exactement sur toutes les conditions du sujet sur lequel on est appelé à se prononcer, en tenant un compte exact du rapport des choses et en ayant soin d'écarter toute question d'intérêt personnel.

La sentence rendue, on s'efforcera de diriger ses pensées sur un autre objet et d'oublier le travail que l'on vient de faire.

Le lendemain, après quelques exercices respiratoires, destinés à amener le calme, on s'appliquera à créer autour de soi l'ambiance favorable et on supputera de nouveau les qualités du sujet qu'il s'agit d'apprécier.

Si le jugement ne diffère point de celui de la veille, il y a de bonnes raisons pour qu'il soit valable.

Dans tous les cas, il aura été rendu sous l'empire d'un désir de sincérité qui ne peut qu'être des plus favorables, car il préparera la solidité des raisonnements à venir et la vérité des jugements futurs.

TABLE DES MATIÈRES

PREMIÈRE PARTIE

DEUXIÈME PARTIE

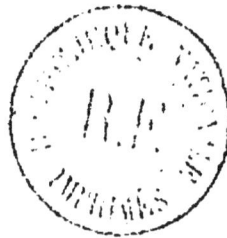

LOUIS FARAN

LE MARIAGE

~~~~~~~~

Dʳ P. DE RÉGLA

LA FEMME

~~~~~~~~

Ces deux volumes mettent la philosophie du **Mariage** et celle du caractère de la **Femme** à la portée de tous, corroborés par des renseignements historiques et scientifiques du plus haut intérêt.

B. DANGENNES

LA VOLONTÉ

~~~~~~~~

Nous renseigne d'une façon parfaite sur un des grands principes de la philosophie physiologique.

Beaux volumes in-18, avec couverture repliée

⚜ ⚜ ⚜

Prix de chaque volume : 1 fr. 50

En vente chez tous les libraires et aux ÉDITIONS NILSSON
73, boulevard Saint-Michel, PARIS

Étampes. — Imp. LA SEMEUSE

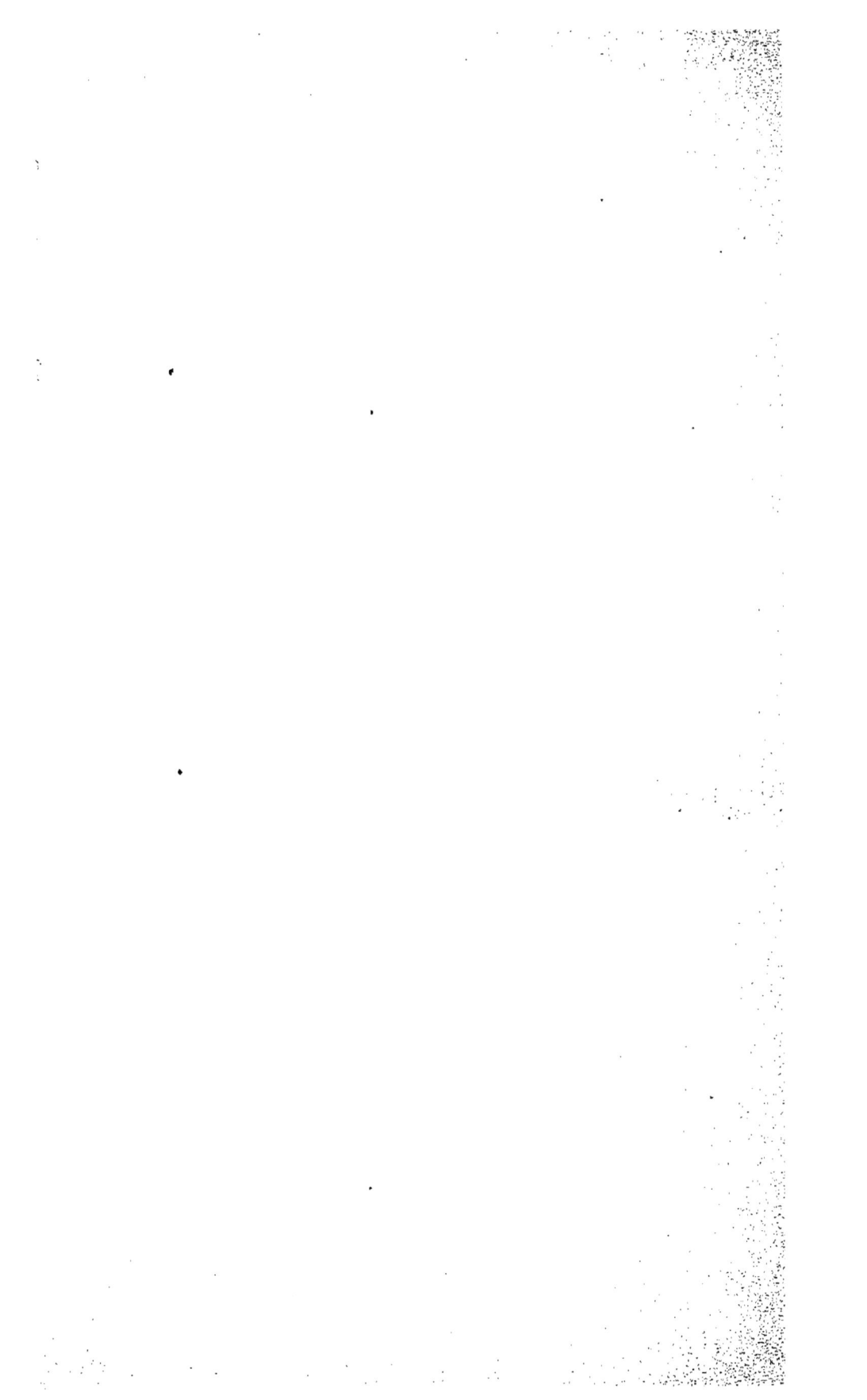

DANS LA MÊME COLLECTION

D. STARK

Comment Guérir les Maladies de l'Energie. — Le Besoin de Protection. — Défiance de soi-même. — Les Rêves vagues, etc., etc...

Clément GOH

Comment Guérir les Maladies de la Mémoire. — Les Défaillances. — Le Mirage des Souvenirs. — Absence du Mot, etc., etc.

Clément GOH

Comment Guérir les Maladies de l'Aplomb. — La Vanité excessive. — La Fausse honte. — Le Pessimisme, etc., etc.

Chaque volume prix : 0 fr. 75

www.ingramcontent.com/pod-product-compliance
Lightning Source LLC
Chambersburg PA
CBHW070937280326
41934CB00009B/1915